C000273270

PARA:

Arriésgate

Arriésgate / Selección Juan Carlos Rodríguez ;
ilustraciones Juan Pablo Fonseca Acosta, Santiago Rojas.
— Bogotá : Panamericana Editorial, 2004.

96 p. : il. ; 9 cm. — (Canto a la vida)

ISBN 958-30-1587-3

1. Valentía – Citas, máximas, etc. I. Rodríguez, Juan
Carlos, comp. II. Fonseca Acosta, Juan Pablo, il. III. Rojas,
Santiago, il. IV. Serie.

153.45 cd 20 ed.

AHX8140

CEP-Banco de la República-Biblioteca Luis Ángel Arango

Arriésgate

PANAMERICANA
EDITORIAL

Editor
Panamericana Editorial Ltda.

Edición
Javier R. Mahecha López

Selección de textos
Juan Carlos Rodríguez

Ilustraciones
Juan Pablo Fonseca y Santiago Rojas

Diagramación
Allyson Ivette Gari H.

Primera edición, septiembre de 2004

©Panamericana Editorial Ltda.
Calle 12 No. 34-20 Tel.:3603077
www.panamericanaeditorial.com
panaedit@panamericanaeditorial.com
Bogotá D.C., Colombia

ISBN 958-30-1587-3

Impreso por Panamericana Formas e Impresos S.A.
Calle 65 No. 95-28 Tel 4302110
Quien sólo actúa como impresor.

Impreso en Colombia   Printed in Colombia

El valor es la primera
de las cualidades humanas
porque garantiza todas
las demás.

Winston Churchill

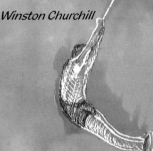

El carácter humano
es como una balanza:
en un platillo está la
mesura, y en el otro
la audacia. El mesurado
tímido y el audaz
indiscreto son balanzas
con un brazo, trastos
inútiles.

Ángel Ganivet

Demasiado poco
valor es cobardía
y demasiado valor
es temeridad.

Aristóteles

Es posible embriagarse
con la propia alma.
A esta embriaguez
se le llama heroísmo.

Victor Hugo

No hay que desdeñar
al hombre cuando se
quiere obtener de sí
mismo o de los demás
un gran esfuerzo.

Alexis de Tocqueville

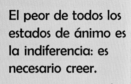

El peor de todos los
estados de ánimo es
la indiferencia: es
necesario creer.

Lamennais

El equilibrio mental, juicio recto, valor moral, audacia, resistencia, forma de tratar al prójimo y cómo sacar el mayor bien de los contratiempos son cosas que no se aprenden en la escuela.

Alexis Carrel

La voluntad es
la que da valor
a las cosas
pequeñas.

Séneca

Voluntad firme no es
lo mismo que voluntad
enérgica y mucho
menos que voluntad
impetuosa.

Balmes

Si faltaren las fuerzas,
la sola audacia
merecerá alabanzas;
en las grandes
empresas,
intentarlas basta.

Sexto Propercio

Una acción llena de coraje no proviene necesariamente de un hombre muy valiente.

Montesquieu

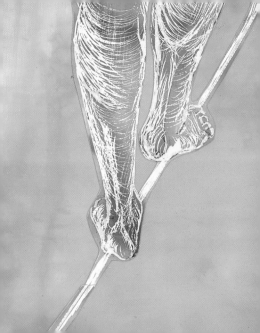

—¡Olvídate de la fe! —le decía Chiang una y otra vez—. Tú no necesitaste fe para volar, necesitaste comprender lo que era el vuelo. Esto es lo mismo. Ahora inténtalo otra vez...

Richard Bach

La audacia sirve
como de muralla.

Salustio

El secreto de la felicidad está en no esforzarse por el placer, sino en encontrar el placer en el esfuerzo.

André Gide

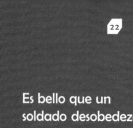

Es bello que un
soldado desobedezca
una orden criminal.

Anatole France

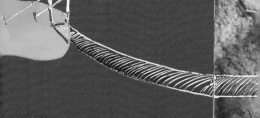

Un discípulo de quien
jamás se pide nada
que no pueda hacer,
nunca hace todo lo
que puede.

John Stuart Mill

Tengo la ambición
necesaria para tomar
parte en las cosas de
la vida; en ninguna
medida la que me
haría sentir disgusto
por el lugar en el que
la naturaleza me ha
puesto.

Montesquieu

La audacia da a veces
frutos que los cálculos
más profundos no
pueden conseguir.

Shakespeare

Se necesita valor
para la vida ordinaria
como para las empresas
que pertenecen al
dominio de la historia.

Samuel Smiles

Soportar nuestro
sino es vencerlo.

Campbell

Nuestra mayor gloria
no está en no haber
caído nunca, sino en
levantarnos cada vez
que caemos.

Oliver Goldsmith

Existe una clase de gente
que, en vez de aceptar el
lugar que el mundo les
ofrece, ha querido
construirse uno propio, a
golpes de audacia y de
talento.

Jules Vallès

Acuérdate de
conservar un
alma igual
en la
fragorosa
adversidad.

Horacio

Todo lo que te viniere a la mano para hacer, hazlo según tus fuerzas; porque en el sepulcro a donde vas no hay obra, ni trabajo, ni ciencia, ni sabiduría.

Proverbios, 9:10

La Biblia

El verdadero
valor consiste
en saber sufrir.

Voltaire

Hay que haber vivido
un poco para comprender
que todo lo que se persigue
en esta vida sólo se consigue
arriesgando a veces lo que
más se ama.

André Gide

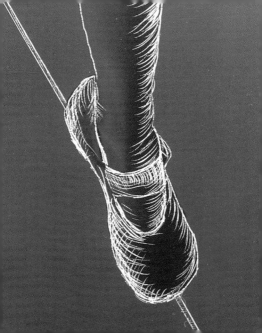

La acción es lo único
que tiene valor. Soñar
que se juega al tenis
no es nada. Leer libros
de tenis no es nada.
Jugar al tenis es un
gran placer.

André Maurois

Una audacia noble
sirve de guía hacia
las obras grandes.

Metastasio

El valor espera;
el miedo va a
buscar.

José Bergamín

El miedo es natural
en el prudente,
y el saberlo vencer es
ser valiente.

Alonso de Ercilla

Llega un momento
en los asuntos de los
hombres en que hay
que coger el toro
por los cuernos y
enfrentarse con la
situación.

W. C. Fields

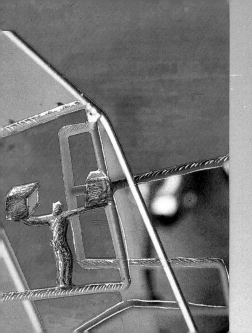

Necesariamente vence
siempre el entusiasta al
apático. No es la fuerza
del brazo, ni la virtud de
las armas, sino la fuerza
del alma la que alcanza
la victoria.

J.G. Fichte

La fortuna,
que es ciega,
ayuda a la
ciega audacia.

*Jean de La
Fontaine*

El entusiasmo es el genio de la sinceridad y sin él la verdad no puede alcanzar la victoria.

E. Bulwer-Lytton

Nada está perdido si se
tiene el valor de
proclamar que todo está
perdido y hay que
empezar de nuevo.

Julio Cortázar

Reconoce tus errores antes de que otros los exageren.

Andrew Mason

No te inclines ante la
adversidad; más bien
oponte audazmente
a ella tanto cuanto tu
suerte te lo permita.

Virgilio

En las cosas pequeñas,
más que en las grandes,
se conoce muchas veces
a los hombres valerosos.

Castiglione

El valor no se
falsifica, es una
virtud que escapa
a la hipocresía.

Napoleón Bonaparte

Sólo el valiente
merece a la bella.

John Dryden

El valor nunca es mayor
que cuando nace de la
última necesidad.

Saavedra Fajardo

Nadie puede librar a
los hombres del dolor,
pero le será perdonado
a aquel que haga
renacer en ellos el valor
para soportarlo.

Selma Lagerlöf

Para mí no
tengo sino
un deseo:
triunfar.

Napoleón Bonaparte

El mundo entero se aparta cuando ve pasar a un hombre que sabe adónde va.

Antoine de Saint-Exupéry

El verdadero valor
consiste en prever
todos los peligros
y despreciarlos
cuando llegan a
hacerse inevitables.

Fenelon

No puede uno ser valiente si le han ocurrido sólo cosas maravillosas.

Mary Tyles Moore

Hay que tener el valor
de decir la verdad,
sobre todo cuando se
habla de la verdad.

Platón

No merece gustar
la miel quien se aparta
de la colmena porque
las abejas tienen
aguijón.

Shakespeare

La desesperación infunde valor
al cobarde.

Thomas Fuller

Hay quienes se
consideran perfectos,
pero sólo porque
exigen menos de sí
mismos.

Hermann Hesse

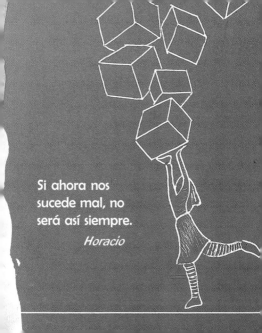

Si ahora nos
sucede mal, no
será así siempre.

Horacio

No puede dársele
marcha atrás al reloj,
pero sí dársele cuerda
nuevamente.

Anónimo

Quienes se desaniman ante un fracaso es porque ya tienen todo lo que pueden.

E. Wallace Stevens

Quien la sigue
la consigue.

Refrán popular

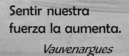

Sentir nuestra
fuerza la aumenta.

Vauvenargues

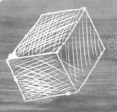

Si hay que sucumbir,
salgamos al encuentro
de nuestro destino.

Tácito

Si abordas una
situación como
asunto de vida
o muerte, morirás
muchas veces.

Adam Smith

El hombre que
pretende verlo todo
con claridad antes de
decidir nunca decide.

Henry F. Amiel

Los espartanos no
preguntaban cuántos
eran los enemigos,
sino en dónde estaban.

Agís II

El fracaso fortifica a
los fuertes.

Antoine de Saint-Exupéry

A nadie le faltan fuerzas; lo que a muchísimos les falta es voluntad.

Victor Hugo

El verdadero valor
consiste en hacer uno
sin testigos lo que sería
capaz de hacer ante
todo el mundo.

La Rochefoucauld

Para conocer la felicidad hay que tener el valor de tragársela.

Charles Baudelaire

No se hace nada
grande sin fanatismo.

Gustave Flaubert

Prefiero los errores del entusiasmo a la indiferencia de la sabiduría.

Anatole France

La Ilusión despierta
el empeño y solamente
la paciencia lo termina.

Anónimo

Tres facultades hay
en el hombre: la razón
que esclarece y domina;
el coraje o ánimo
que actúa, y los sentidos
que obedecen.

Platón

Quienes renuncian
son más numerosos
que los que
fracasan.

Henry Ford

Nada se parece tanto a la ingenuidad como el atrevimiento.

Oscar Wilde

Quien no tiene carácter no es un hombre: es una cosa.

Chamfort

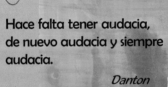

Hace falta tener audacia,
de nuevo audacia y siempre
audacia.

Danton

Valor y querer,
facilitan el vencer.

Proverbio castellano

El éxito ha sido
siempre un hijo
de la audacia.

Crébillon

Sus desgracias no
habían podido
abatir su fiereza.

Jean Racine

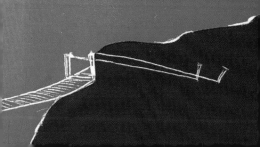

Cuanto más grande
el peligro, más dulce
la fruta.

Pierre Corneille